Hadayatullah Hübsch · Ein Ort des Friedens

Ein Ort des Friedens

von

Hadayatullah Hübsch

Eine Reise nach Qadian,
dem spirituellen Zentrum der Ahmadiyya Muslim Gemeinde,
anläßlich der 100sten Jährlichen Versammlung
der Ahmadiyya Muslim Gemeinde

VERLAG DER ISLAM

Impressum

© Copyright der deutschen Ausgabe:
1992
VERLAG DER ISLAM
Frankfurt/Main
Babenhäuser Landstraße 25

Gesamtherstellung: Stowasser, Werdorf

ISBN 3-921458-77-3

Printed in Germany

Hazrat Mirza Tahir Ahmad, Khalifatul Masih IV

Der Autor Hadayatullah Hübsch

Das ›Weiße Minarett‹ bei Nacht

Grab des Verheißenen Messias und Mahdi, Hazrat Mirza Ghulam Ahmad

Qadian ist ein kleines Städtchen im indischen Punjab, etwa zwei Autostunden von Amritsar, der Stadt des Goldenen Tempels der Sikhs, entfernt. Allah nannte Qadian in einer Offenbarung an den Verheißenen Messias, Friede sei auf ihm, »Haus des Friedens« – »Dar-ul-Aman«. Schon in einer Prophezeiung des Heiligen Propheten Muhammad, Frieden und Segen Allahs seien auf ihm, wird erwähnt, daß der Mahdi in einer Stadt namens »Qada« erscheinen wird. »Qada« ist »Qadian«. Hier wurde im Jahre 1835 Hazrat Mirza Ghulam Ahmad (Friede sei auf ihm) geboren, dem Allah später mitteilte, daß in seiner Person die Wiederkunft von Jesus und das Erscheinen des Mahdis stattgefunden hat. In Qadian finden seit 100 Jahren die Jährlichen Versammlungen (Jalsa Salana) der Ahmadi-Muslime statt. Zusammenkünfte, die dem Gebet und der religiösen Erneuerung geweiht sind. Hier ist auch das spirituelle Zentrum der von Ahmad gegründeten reformerischen, friedvollen Ahmadiyya Muslim Jamaat. Im Jahre 1947, als der indische Subkontinent in Pakistan und Indien geteilt wurde, mußten die Ahmadis Qadian verlassen. Zum Schutz ihrer heiligen Stätten – dem Weißen Minarett, den Hauptmoscheen und dem himmlischen Friedhof (Bahishti Maqbara), wo der Verheißene Messias, der erste Khalif und viele Gefährten des Verheißenen Messias begraben liegen – blieben 313 ausgewählte Getreue in Qadian zurück. Sie werden Derwische genannt. Sie hatten anfangs eine sehr harte Zeit, waren den Übergriffen und Aggressionen der neu in Qadian siedelnden Hindus und Sikhs ausgesetzt. Aber mit Geduld und Liebe wandelten sie die gefährliche Atmosphäre, so daß die nunmehr 1500 in Qadian lebenden Ahmadis – bei einer Gesamtbevölkerung von 20 000, hoch geehrt und wohl gelitten sind. Zu den Jalsa Salanas kommen aus allen Teilen Indiens, oft mehr als drei Tage beschwerlich unterwegs, Mitglieder der Gemeinde, auch aus Pakistan und vielen anderen Ländern erscheinen die

Gläubigen. Im Dezember 1991 konnte zum ersten Mal nach der Teilung ein Khalif der Ahmadiyya Muslim Jamaat wieder nach Qadian reisen, Hazrat Mirza Tahir Ahmad, ein Enkel des Begründers. Er kam, um die 100ste Jalsa Salana Qadians mit seiner Anwesenheit zu segnen – und in der Tat war es ein außergewöhnliches, sehr inspirierendes und spirituell bewegendes wie aufwühlendes Ereignis.

Hazrat Mirza Ghulam Ahmad (Friede sei auf ihm) schrieb: »All jene Geweihten, die ein Baiat (Treueeid) mit diesem demütigen Diener Gottes eingegangen sind, sollten wissen, daß das einzige Ziel des Baiats darin besteht, daß alle Liebe zur Welt kalt werden sollte, und daß die Liebe unseres Barmherzigen Herrn und Seines ausgewählten Propheten (Frieden und Segnungen Allahs seien auf ihm) das Herz durchdringen und solch eine umfassende Hingabe zu Gott erreicht werden sollte, daß die Reise ins Jenseits leicht wird. Aber um dieses Ziel zu erreichen, ist es notwendig, bei mir zu verweilen und einen Teil des Lebens auf diese Weise zu verbringen, so daß, wenn es Gott gefällt, alle Schwäche, Unreifheit und Trägheit beseitigt werden möge durch die Beachtung der entscheidenden Zeichen, und vollkommene Überzeugung möge Hingabe hervorrufen, begierige Suche und Ekstase der Liebe. Es sollte demzufolge die ständige Sorgfalt jedes Mitglieds sein, sich so zu verändern, und er sollte fortfahren, zu Gott zu beten, daß Gott ihm diese Früchte gewähren sollte, und so lange diese Gunst nicht erlangt wird, muß er es sich zu einer Pflicht machen, mich ab und zu persönlich aufzusuchen. Denn nachdem man das Baiat-Gelübde abgelegt hat, macht eine Nichtbeachtung eines persönlichen Kontaktes mit mir es nichtig, indem er aller Gnade beraubt wird, sodaß er nur noch der Form nach besteht. Da aber aufgrund natürlicher Schwäche oder Mangel an Gelegenheit und Mittel oder aufgrund der Entfernung nicht jeder die Möglichkeit hat, hierher zu kommen, um mit mir zusammen zu sein, oder weil nicht jeder die Bürde auf sich nehmen kann, mich mehrmals im Verlauf eines Jahres zu besuchen, und da es zudem viele gibt, deren Herzen noch nicht so mit Sehnsucht getränkt sind, als daß sie größere Unannehmlichkeiten auf sich nehmen und einen größeren Verlust erleiden würden, die aus einem Besuch – um mich persönlich zu treffen – entstehen, scheint es am geeignetsten zu sein, daß drei Tage im Jahr für eine jährliche Versammlung reserviert bleiben, zu dem alle Hingebungsvollen, so Gott will, hier erscheinen können, vorausgesetzt, ihre Gesundheit erlaubt es ihnen und sie haben die Zeit und keine Tätigkeit, die das Kommen ihnen verbietet. In meinen Augen sind der 27. bis 29. Dezember des kommenden Jahres festzusetzen. In Zukunft sollte es so sein, daß, wenn der 27. Dezember in eurem Leben sich nähert, alle Freunde beste Anstrengungen unternehmen sollten, um sich hier an diesen Tagen zu versammeln, die heiligen Ansprachen zu vernehmen und sich im Gebet zu vereinigen. Und diese Versammlung sollte selbst mit solchen Wahrheiten und Höhepunkten ausgeschmückt sein, wie sie notwendig sind, um den Glauben, die Überzeugungskraft und die Erleuchtung zu gewährleisten und zu stärken.

Daneben gebe ich bekannt, daß besondere Gebete und konzentrierte Aufmerksamkeit für all jene reserviert sind, und daß ich mich so weit als möglich in die erhabenen Gegenwart des allerbarmherzigsten Herrn begeben werde, so daß Er Gefallen daran findet, sie in Seine Nähe zu rufen und sie anzunehmen und ihnen eine reine, innere Verwandlung zu gewähren.

Und ein zweiter Nutzen dieser Versammlung wird sein, daß all die neuen Mitglieder dann, wenn sie an dieser Versammlung an ihren festgesetzten Zeiten teilnehmen, die älteren Brüder und Schwestern treffen werden, und diese gegenseitige Bekanntschaft wird gegenseitige Liebe hervorbringen, die sich ständig erweitern wird.

Und darüberhinaus werden bei der Gelegenheit dieser Versammlung Gebete für jene Mitglieder verrichtet werden, die in der Zwischenzeit verstorben sind.

Und mehr noch, ich werde mich selbst auf äußerste Weise anstrengen, in der Gegenwart des Herrn der Ehre und der Glorie alle Mitglieder spirituell in ein einziges Ganzes zu verschmelzen und so die Auflösung ihrer Kälte, Entfremdung und üblen Willens zu erreichen.

Weitaus mehr spirituelle Freuden und Wohltaten werden aus dieser Versammlung entspringen und von nun an immer wieder zu entsprechenden Gelegenheiten ans Tageslicht gelangen, so Allah der Allmächtige es will.

Es ist erwünscht, daß Freunde, die nur über begrenzte Mittel verfügen, sich beizeiten für diese Versammlung bereitmachen, indem sie nach Voraussicht und ökonomischem Planen etwas Geld monatlich für die Unkosten dieser Reise zur Seite legen. So können sie ohne größere Schwierigkeiten die notwendigen Kosten für die Reise aufbringen. In anderen Worten, sie werden Nutznießer eines freien Besuches sein.

Es ist ratsam, daß Freunde, die diesem Vorschlag zugeneigt sind, mich ausdrücklich schriftlich darüber informieren sollen, so daß die Namen all jener, die es unternehmen, diese Versammlung zu den festgesetzten Zeiten zu besuchen so lange sie leben, in eine Liste aufgenommen werden können, und sie sollen ihr Herz dafür öffnen und alles unternehmen, um daran teilzunehmen, ausgenommen in Situationen jenseits ihrer Kontrolle.

Und möge Allah eine gute Belohnung all jenen Freunden gewähren, die die Härten der Reise auf sich nehmen, nur um Allah zu gefallen, so daß sie am Treffen, das dieses Mal am 27. Dezember stattfinden wird, teilnehmen können, um sich in religiösen Angelegenheiten zu beraten, und möge Er ihnen Belohnung für jeden Schritt gewähren, den sie in dieser Richtung machen. Amen.«

Die 100ste Jalsa Salana in Qadian, das war in der Tat ein atemberaubendes Ereignis, um so mehr, als in den Tagen und Wochen der Vorbereitung darauf sich herauskristallisierte, daß unser Traum wahr werden würde: Hazrat Khalifatul Massih, unser geliebter Hazrat Mirza Tahir Ahmad (möge Allah seine Hand stärken), würde an dieser außergewöhnlichen Versammlung teilnehmen. Einige Zeit lang verbrachte ich mit der Ordnung der finanziellen Verhältnisse, bis es eines Tages feststand: Aufgrund einer längeren Rundfunksendung würde ich die Mittel bekommen, die meine Frau, meine beiden jüngsten Kinder und mich in die Lage versetzen würden, nach Qadian zu reisen.

Qadian ist gleichzeitig der Geburtsort meiner Frau Sadiqa Sultana. Sie ist die Tochter eines Derwischs, Chaudhry Saeed Ahmad, der kürzlich unerwartet verstarb. Und sie hat ihre ganze Jugend in Qadian verbracht. Nach fast zehn Jahren würde sie wieder ihre Heimat besuchen, die Mutter, die beiden Brüder. Nun waren nur noch die Paßformalitäten zu erledigen, nachdem die Tickets gekauft waren. Es gab einige merkwürdige Schwierigkeiten dabei, aber dank der Gebete Hazurs, wie wir den Khalifa nennen, und dank unserer eigenen Anstrengungen konnten wir alle Hürden nehmen und saßen so Mitte Dezember, nach aufregenden Tagen, endlich im Flugzeug nach Delhi.

Frühmorgens kamen wir an, zusammen mit Tariq Habib Guddat, einem deutschen Bruder, der zugleich Ehemann der Schwester meiner Frau ist. Am Flughafen Delhi gelang es uns mit der Hilfe einiger anderer Ahmadis, die auch gerade gelandet waren, einen Bus zu mieten, der uns und unser großes Gepäck in die Ahmadiyya Moschee zu Delhi brachte: ein wunderschönes Gebäude, gerade fertiggestellt. Hier war wenige Stunden zuvor der Khalifa gewesen, der sich nun mit dem Zug auf der Reise nach Qadian befand.

Wir folgten ihm, gemäß unseren Reservierungen, in einem

Sleeper-Abteil der Eisenbahn am Abend des Ankunftstages. Todmüde, aber überglücklich erreichten wir den Bahnhof Amritsar am nächsten Morgen, wo uns ein Bruder meiner Frau erwartete. Rasch waren zwei Taxis gemietet, und sehnsuchtsvoll, vorbei an zahlreichen Kontrollen durch indische Soldaten, die das von aufrührerischen Sikhs unsicher gemachte Gebiet kontrollierten, fuhren wir gen Qadian. Überströmend die Freude, als wir endlich anlangten. Tränen, Dankesgebete. Das Wetter war nicht allzugut, es regnete beständig, es war kalt, aber unser Inneres war warm und froh gestimmt, wir pilgerten zu den Moscheen, sagten unsere Gebete am Grab des Verheißenen Messias und erwarteten voll Ungeduld, aber bemüht, Geduld zu üben, den Beginn der Jalsa Salana, die wenige Tage später eröffnet werden sollte.

> ich öffne dir die tür
> weißt du, was du sehen wirst?
> der tod wartet schon

Ziel der Reise des Muslims ist das Fana, der Selbsttod, das Erleben, wie alle Gefühle zur Welt, zu sich selbst, absterben, wie die eigene Nichtigkeit trotz aller Erkenntnisse, was Gutes man tut oder tun kann, bewußt wird, wie das eigene Nichts-Sein erfahren wird als Schlüssel zur Gegenwart des Allmächtigen, Liebreichen, der uns nur dann empfängt, wenn wir äußerst demütig, mit Selbstverneinung im Herzen und Gebeten um Gnade auf den Lippen, uns Ihm nähern. Einmal dort angelangt, von Ihm angenommen als jemand, der nicht von dieser Welt ist, erleben wir die glückseligsten Momente unseres Lebens, denen sich nie erahnte Segnungen anschließen. Alle Mystiker haben von diesen Augenblicken wach geträumt, sie haben ungeheure Anstrengungen unternommen, um dorthin zu gelangen. Es war auch unser Ziel. Besonderer Mittelpunkt dieser Bemühungen ist ein kleiner Raum, Baiatul

Dua genannt, an der Masjid Mubarak, der Mubarak-Moschee gelegen, den der Verheißene Messias errichtet hatte, um dort ungestört tief innige Gebete zu Gott zu senden. In diesen Raum zog es mich, und solange die vielen tausenden Besucher aus allen Teilen der Welt, die erwartet wurden, noch nicht eingetroffen waren, war es relativ einfach, zum Baiatul Dua zu gehen und dort tränenüberströmt zu beten, die Liebe und Barmherzigkeit unseres Allahs empfangend. Während der Jalsa-Tage war es äußerst schwierig, dort einen Augenblick zum Beten zu finden, denn aberdutzende von Gläubigen standen Schlange, um einmal in den Genuß der Segnungen dieses heiligen Ortes zu gelangen. Tagsüber ist das Baiatul Dua den Frauen reserviert, nach Sonnenuntergang und nachts können dort die Männer beten.

> sieh das volle glas wasser,
> das du trägst.
> an seiner oberfläche
> schlagen wellen,
> am grunde des glases aber
> ist es friedlich und ruhig.
> so auch der geist.
> bewege dich in seiner tiefe,
> laß die wellen der gedanken
> dich nicht verwirren.

Hazur war schon seit ein paar Tagen da, beschäftigt, die vielen Brüder und Schwestern zu empfangen, die zum Teil dutzende von Jahren für sein Erscheinen in Qadian gebetet hatten. Immer war er umgeben von einer heiligen, friedlichen Atmosphäre. Trotz des unangenehmen Wetters, das uns allen zusetzte – es gab in Qadian keine Heizung, nur einige elektrisch betriebene Wärmestrahler –, war er frohen Mutes, in höchster Rührung und Bewegtheit, denn auch er hatte in

Qadian in seiner Kindheit gelebt. Geduldig warteten wir auf dem steinigen, nur von dünnen Matten bedeckten Fußboden der Masjid Aqsa auf ihn, bis er dann festen Schrittes, eilig aber nicht hastig, uns mit seinem herzerwärmenden »Salam-Alaikum« – Friede sei mit Euch – begrüßte.

Das Gebet (Namaz). In gesammeltem Ernst stehen wir, voller Würde und Hingabe, vor Dir, o Herr, während unsere Zungen den Widerhall unserer Herzschläge Dir darbieten. Und ein strenges, klares Licht steigt auf von unseren Füßen, umfängt unser Inneres, bis wir angefüllt mit Licht den Qur-ân rezitiert haben und den Wunsch in uns verspüren, uns vor Dir zu verbeugen, während das Seelenlicht all derer, die mit uns beten, sich mit unserem vereinigt, so daß eine heilige, lichte Brücke entsteht zwischen all den Gläubigen. Dann richten wir uns auf zum Gedenken Deiner Gnade, daß Du unser Gebet immer erhörst und wir niemals enttäuscht sind im Gebet zu Dir, von unbekannter Kraft emporgezogen, niemals müde im Gebet zu Dir, o Herr, bis uns die Sehnsucht überwältigt, uns hinzulegen vor Dir, o Herr, im Bewußtsein unserer Sünden und Fehler und Deiner heiligen, verzeihenden Barmherzigkeit, sodaß wir in tiefster Demut vor Dir in Sadschdah liegen, die Stirn auf dem Boden, während unser ganzes Wesen aufgeht in Dir, bis wir uns setzen dürfen vor Dir, erneut bereit dann zur Niederwerfung. Um dann aufzustehen aus dieser Runde und wiederholt diesen Akt der höchsten Liebe zu vollziehen.

> mein gedicht ist mein körper,
> mein geist eine ode,
> ein psalm meine seele,
> mein körper warnt mich
> vor falschem wort,
> die ode sagt, versprich dich nicht,
> mein psalm blüht im schweigen

Auf dem Weg zum Jalsa Jar
Ein Blick auf die Jalsa-Teilnehmer

Der Khalif auf der Rednertribüne
Die Rednertribüne während der Jalsa

Das Gebäude der Ansarullah

Ein Blick auf die Masjid Mubarak

Bahishti Maqbara–Gräber der Familie des Verheißenen Messias
Grab des Khalifen Nur-ud-Din (links) Grab des Verheißenen Messias (rechts)

Am Vormittag dann allein in der Ruhe der Moschee, meditierend über die Aufgabe, die Allah mir anvertraut hat. Was ist mein Kern? Wohin muß ich meine Schritte lenken? Gebete im Darul-Zikr, dem Raum des Gedenkens, Bitten um die Gabe des Wortes, Fürbitten für Freunde, meine Arbeit, die Familie. Ein Hauch des Vertrauens durchzieht diese Räumlichkeit, in der der Verheißene Messias, Friede sei auf ihm, seine Bücher zu schreiben pflegte.

> der stillstand der zeit
> nur die fliegen tummeln sich
> worauf wartest du?

Dann sitze ich im Garten des Hauses meiner Familie, aus der Ferne der Singsang des Sikh-Priesters, der das heilige Granth, das Buch der Sikhs rezitiert. Ein paar große Vögel schwingen sich auf die Äste der Winterbäume. Freunde kommen zu Besuch, wir essen, lebensfroh und auf der Suche nach Wahrheit in Tat und Wort. Eine friedfertige Atmosphäre herrscht, alles Trübsal der Welt scheint fern, entrückt. Was zählt, ist die Begegnung mit dir selber, ist die ständige Bemühung, im Umgang mit den anderen, im Verstehen deiner Selbst das Beste zu geben.

> auf dem halbgegessenen apfel
> in der sonne
> lassen sich immer wieder
> fliegen nieder,
> die du mühevoll verjagst,
> immer wieder!
> verschlinge den apfel deines ego
> und genieße die sonne.

Ich denke zurück an unsere Ankunft in Amritsar. Ein

graues Schwein hüpft herrenlos wie ein Gespenst über den Bahnhofsvorplatz. Ein Jeep mit Leichtmaschinengewehr aufgepflanzt, drei magere Soldaten in dunkeloliven Uniformen, Finger am Abzug. Im altersschwachen Taxi, das über beneidenswerte Stoßdämpfer verfügt, holpern wir durch die überquellenden Straßen. Rikschas, Lastwagen voller undefinierbarer Ballen, quakende Vespas mit Sikhs auf dem Sitz, ihre farbigen Turbane leuchten; Pferdewagen. An der Ausfallstraße der Stadt hält uns ein bewaffneter Posten an (einfache Baumstämme dienen als Barriere). Ein Soldat will unser umfangreiches Gepäck genauestens kontrollieren, bis er auf die security-Klebestreifen aufmerksam wird, die uns bei der Abfertigung im Flughafen Frankfurt nach der Strahlendurchleuchtung der Koffer auf all die Stücke geklebt worden waren. An der Seite der Straße eckige Ziegelsteinbauten. Karges, staubiges Grün. Dann fruchtbare Erde, Zuckerrohrfelder. In Batala halten wir an, um kleine, süße Bananen und hochgezüchtete Äpfel zu kaufen. Unser Auto hält direkt an diesem Hindu-Shop, ein Sack voller roter, kleiner Chilis als Aushängeschild. Ein Junge kommt und läßt sich ein halbes Dutzend ausrangierte Zeitungen aufwiegen, für ein paar Paisas. Was er wohl damit machen will? Zeitungen werden hier bis zum absoluten Zerfall ausgenutzt, sie werden von den Geschäftsleuten geschickt zu kleinen Tüten gefaltet, in die dann zum Beispiel Süßigkeiten wie das Karottenhalwa oder die aus eingedickter Milch und viel Zucker aufgekochten Barfi gefüllt werden. Für die Einheimischen ist es kalt, wir Europäer fühlen uns durch den saften Wind eher an Frühling erinnert (wenig später sollte es zu einem Wettereinbruch kommen, Kälte, Regen). Zim Zim Zo Syrup und Tabletten Reklame in roter Schrift auf den Mauern. In Punjabi-Schrift »Pepsi Cola«. Immer wieder Grüppchen von Soldaten. Gestern haben Terroristen in Ludhiana auf dem Markt eine Bombe hochgehen lassen – 13 Tote. Die Regierung gibt spezielle Gelder für die

Versorgung der Hinterbliebenen der Opfer frei, oder für die Verstümmelten. Steht in der Zeitung. Der populäre Punjabi-Folksinger Lak Chand Jamla Jat starb im Alter von 85.

> mein ziel ist euer anfang
> meine reise euer glück
> wo ich gegangen
> treten aus steinen wasser
> meine tränen euer wein
> mein salz euer zucker
> meine vergangenheit euer schatten
> wo ich jetzt bin
> scheint tagaus tagein die sonne
> meine schmerzen eure freude

Das elektrische Licht geht hier in unregelmäßigen Abständen aus. Mit dem Eintritt der Dunkelheit, in der nichts mehr sichtbar ist, geht eine erstaunliche Stille einher. Kaum, daß eine Bemerkung über die neue Situation fällt. Wir sitzen, fast erleichtert, für ein paar stumme Augenblicke, bis sich jemand rührt und sich auf die Suche nach Kerzen und Streichhölzern macht. Die Menschen hier mischen sich durchweg nicht in Angelegenheiten anderer ein. Sie kümmern sich um ihre eigenen Wege. Kein neugieriger Blick stört das Einvernehmen. Wer sich kennt, berührt des anderen Aura nicht unnötig, gibt ihm Raum und Zeit, sich zu entfalten. Wenn wir aus uns herausgehen wollen, bewegt durch eine momentane Unstimmigkeit, angeregt durch eine Furcht, die nicht sein sollte, oder weil wir uns beschämt fühlen, angesichts des anderen, fällt es schwer, Aufmerksamkeit zu erregen. Oft laufen wir mit unseren Augen und Gesten ins Leere. Verwundet bleiben wir zurück, spürend, daß die erwartete Empfänglichkeit des anderes unziemliches Eindringen in seine Sphäre bedeutet und wir besser mit uns selbst klarkommen, eingedenk Allahs.

> wenn du dich reinigst
> vergeht die liebe zur welt
> was bleibt ist ewig

Das herzerfrischende Gefühl nach der Waschung zum Gebet, der Wudhu. An Körper und Seele erquickt, wie in einem Jungbrunnen gebadet, treten wir neu in das Licht. Wir sind wieder heil, eine Empfindung der Ganzheit, des Einklangs von außen und innen, bemächtigt sich meiner. Eine aus tiefster Seelenruhe aufstiebende, anklingende Harmonie überfällt mich sanft. Ich fühle mich gewappnet, sehe mit großer Erleichterung und Gelassenheit dem, was kommt, entgegen.

> gib nicht, wenn du nimmst
> sagen die einen, gib du
> nur dich selbst, sag ich

Die Währung im Muslimviertel heißt Gebet. Es ist fast 24 Uhr. Für unsere 18 Monate alte Tochter ist keine Milch mehr im Haus. Ich gehe mit einer metallenen Kanne auf die Gasse, hundert Meter weiter zu einem Tchai-Shop, wo man Tee trinken und Süßigkeiten und Eier essen kann. Auch um diese Zeit ist während der Jalsa noch geöffnet. Jemand, der mich flüchtig kennt, ist unter den späten Gästen. Er übersetzt dem Inhaber des Ladens meinen Wunsch nach Milch. Als ich zahlen will, sagt er: nein, nein, das mache ich schon, bete du nur für mich. Es ist ein stetes Geben und Nehmen, eine Ebbe, eine Flut, wir werden gebeten, zu beten, und als entschuldigende Geste werden wir dafür eingeladen. Dann sind wir beschäftigt, unserem Herrn das Geschick des anderen darzubieten, für ihn zu bitten. Wir werden mit heimlichen Sorgen konfrontiert, fühlen uns sofort freundschaftlich in die Belange des anderen gezogen, der uns um Dua (Bittgebete) für sich und seine Tochter anging. Unsere Seele schwingt sich auf zu dem Allgegenwärtigen, Allmächtigen, Allbarmherzigen Freund, Der uns hört und uns durch kleine Visionen Antwort schenkt.

> was kann ich bitten
> was du nicht schon längst gegeben
> in deiner güte

Am Grab des Verheißenen Messias, Friede sei auf ihm, stehe ich in Dankbarkeit und Kummer, das richtige getan zu haben, tun zu dürfen, mein Leid an Gott zu schicken, um Hilfe flehend. Kaum habe ich meine Hände nebeneinandergelegt, das Gesicht so bedeckend, stürzt aus tiefster Verborgenheit ein Traumquell in meine Augen. Ich bin übermannt, mein Herz und meine Zunge sind eins, Visionen streifen mein inneres Auge, blitzschnelle Bilder, Zeichen auf Bitten in diese, in jene Richtung, was meine Brust auch beklemmt. Ich werde erschüttert, kann mich kaum noch halten, werde hinweggespült von Emotionen. Dann in die Weite des Morgen hinein getröstet, die heilige Stätte.

> ich kann nicht sagen
> was ich nicht erlebt habe
> ich weiß nur von Dir

Die Jalsa zieht auch Bettler magisch an. Meist sind es hagere, jüngere Frauen, mit verlorenem Blick starren sie dich an, ihre rechte Hand, in der 1-Rupie-Münzen schimmern, dir hart entgegengestreckt. Sie lassen dich selten in Ruhe, wenn du versuchst, schweigend oder mit einem »no« auf den Lippen, weil du ihr professionelles Betteln nicht unterstützen willst, an ihnen vorüberzugehen. Störrisch packen sie dich am Ärmel, du bist ein Sahib, ein Weißer mit viel Geld, sie bohren dir ihre knöchrigen Finger in die Seite, daß du nachgibst, nach Rupien-Scheinen in deiner Tasche fischst, auch wenn dir das berufsmäßige Bettlertum zuwider ist, weil es andere Möglichkeiten gibt, auch hier, zu einem Auskommen zu gelangen. Vor allem, wenn sie kleine Mädchen dazu abrichten, die Sahibs anzugehen, spürst du Ärger über ihre Verkommenheit und Würdelosigkeit in dir. Bisweilen bemühen sie sich, deiner Ehre zu schmeicheln, reden dich mit »Mian« (Herr einer noblen Familie) oder mit »Hadschi« (einer, der die Pilgerfahrt nach Mekka vollzogen hat) an. Wenn du trotzdem nichts gibst, kann es dir passieren, daß sie dich mit einem Fluch bedenken. Meine Einstellung diesen, ansich erbarmungswürdigen Geschöpfen gegenüber, ändert sich, als ein Redner auf der Jalsa Salana berichtet, daß der Verheißene Messias, Friede sei auf ihm, nie einen Bettler ohne ein Almosen ließ. Einmal hatte er kein Geld bei sich. Zu Hause angekommen sorgte er dafür, daß man diesen Bettler aufspürte, dem er nichts hatte geben können, und ihn reichlich beschenkte. Seit dieser Rede gab ich allen Bettlern etwas, auch wenn ich kein Kleingeld und nur, für hiesige Verhältnisse, größere Summen bei mir trug. Nur den kleinen Kindern etwas zu geben, verabscheute ich. Denn sie wurden ausgenutzt und zu Faulheit und Mißachtung des Selbstwertgefühls erzogen. Das wollte ich nicht unterstützen.

>   zwei kleine hände
>   in traurigkeit gefangen
>   gib nicht geld, bete

Morgens um 4.05 Uhr beginnt bisweilen der Sikh-Priester aus einem nahen Tempel seine Litaneien über Lautsprecher auszustoßen. Das kann unvermeidlich und ohne Unterbrechung bis zur Mittagsstunde so weiter gehen. Aus unerfindlichen Gründen kommen ab und zu weitere Gesänge aus dem Guru Granth, dem heiligen Buch der Sikhs, anderen Tempeln entspringend, hinzu, so daß die Luft erfüllt ist von tosenden Stimmen und Klängen, in die sich lautstark noch Radio-Musik mischt, so daß der Gebetsruf vom Weißen Minarett kaum zu hören ist. Doch wenn dann Zeit ist zum Gebet, dringt die Stimme Hazurs mit dem wohltönenden »Allah-o-akbar« zwischen den Bewegungen, fast den Gesetzen der Physik zum Trotz, bis hin zu unserem Garten, wo wir stehen, um Gott zu lobpreisen und Segnungen von Ihm zu erflehen; wir beten in der zitternden Kälte des Hofes, weil die große Aqsa-Moschee, in die über 3000 Menschen passen, die viel größere Zahl von Besuchern nicht fassen kann. Die Muslims beten auf allen Plätzen, den kleinen Straßen, den Höfen ihrer Häuser. Der Ruf Hazurs durchschallt die Häuser, die Menschen werden in ihren Herzensregungen angesprochen und stimmen ein in das mächtige Gebet.

>   wo immer wir sind
>   wir hören den ruf hazurs
>   niemand der uns stört

22000 Besucher sind gezählt worden. In allen Häusern der Muslim-Kolonie Qadians wohnen je Dutzende von Gästen. Extra Gästehäuser sind zügig gebaut worden, wurden, erst halbfertig, von den aus dem Ausland kommenden Pilgern bewohnt. Und zahlreiche Sikhs, mit der Gemeinde befreundet, haben in ihren Wohnstätten extra Betten für Besucher aufgeschlagen, sonst hätte Qadian der Flut von Muslimen nicht Herr werden können. Als die Jalsa vorüber ist und Hazur sich auch den Sikh-Freunden der Gemeinde widmen kann, beschweren sich etliche von ihnen, daß man sie bei der Vergabe von Gästen nicht berücksichtigt hätte, sie hätten so gerne Anteil an dieser segensreichen 100sten Versammlung.

> wann ist es nicht zeit
> in liebe sich zu treffen
> der abschied naht stets

Wenn die Zeit zur Jalsa reift, so gegen 9 Uhr, bewegen sich riesige Menschenströme auf den Fußballgroßen Platz zu, der für die Festlichkeiten vorbereitet wurde, Männer und Frauen in getrennten Terrains. Strahlende, von innerem Licht durchdrungene Gesichter, voller Vorfreude auf die spirituellen Ereignisse, die Herz und Seele beleben werden, ziehen sie ruhig und würdig zur Jalsa-Gar, dem Versammlungsort. Zufriedenheit mit Allah und Seinem Garten prägt die Gemüter. Viele sind in ununterbrochenes Gebet versunken. Die Straßen säumen Händler mit ihren Obstkarren, auf denen Mandarinen, Äpfel, Bananen, Ananas liegen. Kleine Buden, in denen Fisch oder Pokora (ein würziges Teiggebäck, mit Chilis durchsetzt) feilgeboten werden. Und Pop-Corn und Pan, dieses grüne, erfrischende Blatt, das mit allerlei Ingredienzien gefüllt wird. Auf einem Stuhl hat ein Ahmadi aus Bangladesch die 1992-Kalender der dortigen Jamaat ausgebreitet. Bücherstände, auf denen in Urdu oder Englisch Broschüren und Schriften auf wissensbegierige Leser warten, sind von dicken Menschentrauben umgeben. Nach deutschen Verhältnissen gerechnet, kosten die Dinge nur Pfennige. Dann erklingt mit klarer Stimme die Qur-ân-Rezitation. Angespannt Lauschende allerort. Es folgt ein melodisches, herzbewegendes, langes Gedicht des Verheißenen Messias, Friede sei auf ihm, oft unterbrochen von donnernden Hochrufen. Ein Mann springt auf und ruft: Narra Takbir (bezeugt, das Allah der Größte ist) und hunderte antworten mit dem gemeinsamen »Allaho-akbar«. Oder es heißt einfach: »Islam«, und die Menge stimmt beschwörend ein »Zindabad« (wird siegen) an. Diese Form der Begeisterung ersetzt das im Westen übliche Händeklatschen.

> ich vergaß die früh
> zwei tautropfen trösten mich
> Allah blieb mir nah

Nach dem Jalsa-Tag sind die winzigen Gassen ganz Qadians, mit ihren hunderten von Buden und Geschäften, überfüllt. Aber keine unnötige Hast, keine rebellierende Ungeduld ist zu verspüren. Überall herrscht Frieden. Nicht umsonst also ist Qadian von Allah als »Ort des Friedens« in einer Offenbarung an den Verheißenen Messias, Friede sei auf ihm, bezeichnet worden. Schmuckläden, mit den traditionellen, geliebten Silberringen, mit der Gravur der ersten Offenbarung, die der Verheißene Messias erhalten hatte, werden dicht umlagert. Allah hatte Ahmad einen Vers aus dem Qurân noch einmal offenbart: »Genügt Allah denn nicht für Seinen Diener?« Für 25 Rupien, weniger als 2 DM, kann man solch ein Schmuckstück erwerben. Viele kaufen Süßigkeiten, das aus eingedickter Milch und Zucker gefertigte Barfi erfreut sich besonderer Beliebtheit, auch das süßkühle Karottenhalwa, das in den Tee-Shops verzehrt wird, wo es auch hartgekochte Eier gibt. Andere lassen sich einen Fruchtsaft aus frischen Orangen pressen.

Der Basar in der Mohalla Ahmadiyya, dem Muslim-Viertel, ist von Lichtgirlanden überbrückt, leuchtende Torbögen, die durch schnelles Ein- und Ausschalten, das Aufblitzen und Verdunkeln der Reihen, den Eindruck von Wellen hervorrufen. Die Gebäude der Gemeinde, das imposante, von weißem Marmor umkleidete »Weiße Minarett« erstrahlt nachts wie ein Gralshüter, die Masjid Mubarak, die engen Sträßchen auf dem Weg zur großen Masjid Aqsa, sind von roten Lichterketten umringt. Der Verheißene Messias, Friede sei auf ihm, hatte das weiße Minarett als Erfüllung einer Prophezeiung des Heiligen Propheten Muhammad, Frieden und Segen Allahs seien auf ihm, errichten lassen, es signalisiert die Leuchtkraft und Ausstrahlung spirituellen Wissens und religiöser Weisheit.

> schwerer vogel flieg
> der tag geht schnell zur neige
> wo bist du morgen?

Auf dem Bazar eine wogende Menschenmenge, Frauen in ihren, den Körper sanft umhüllenden Burqas, die ihnen Würde und Scheu, Ansehen und Zierlichkeit verleihen. Eine geruhsame, zärtliche Schamhaftigkeit umgibt sie, kein wilder Blick belästigt sie, sie lassen keinen rohen, unziemlichen, unkeuschen Ausdruck aufkommen. Die Männer mit verschiedenartigen Mützen, dem Pathanen-Kopfhut, der pakistanischen Jinna-Fellmütze, Kappen, Turbanen, mit gesteiftem Schweif um eine goldene Erhebung, das Pagri, gewickelt. Viele haben die Nationaltracht an, die weitglockigen Scharwal-Hosen, das lange, bis zum Knie reichende Kamiz-Hemd, darüber oft auch den traditionsbewußten Etschken, auch Schwerwani genannt, eine Art Kaftan in schwarz, braun, grau oder auch weiß. In den Läden gibt es Bonbons für die Kleinen, aus Stroh geflochtene Souvenirs mit der Fahne der Ahmadiyya, zudem der Kalima, dem islamischen Glaubensbekenntnis (»Niemand ist anbetungswürdig außer Gott, Muhammad ist der Gesandte Gottes«), oder Qur-ân-Versen oder dem Wahlspruch der Gemeinde »Liebe für alle, Haß für keinen« in Englisch. An der Ecke eines Standes, der Zeitschriften der Gemeinde aus Karachi verkauft – reichbebilderte Erinnerungsschriften –, hocken drei kleine Mädchen und Jungen und singen ein Nazam, ein religiöses Gedicht, dessen Text sie einem ausgestellten Buch entnehmen, das sie vor sich ausgebreitet haben. Alle paar Meter wird man angehalten, mit dem Friedensgruß der Muslime »Assalamo-Alaikum« angeredet, es gibt herzliche Umarmungen, die die Feuer der

Herzen sich gegenseitig berühren und durchdringen lassen. Es ist dies eine Kommunikation der Seelen, ohne Worte, ein spirituelles Erleben, das den Grad des Friedens, den man erlangt hat, markiert und manifest macht.

Der große Platz der Jalsa, in der Nähe des Bahishti Maqbara gelegen, ist sorgfältig durch Schnüre, die an Eisenstangen gebunden sind, abgesteckt, so daß jeder und jede seinen und ihren Sitz finden kann. Die meisten hocken auf dem ausgelegten Stroh, das die Gevierte bedeckt, dazwischen sind Wege angelegt. Ordner sorgen dafür, daß alles in Ruhe bleibt, es könnte ja sonst möglich sein, daß Gegner der Gemeinde die friedliche Versammlung dazu ausnutzen, Unruhe zu stiften. Vorne an der Tribüne, von der aus die Redner über Lautsprecher ihre Ansprachen halten, sind lange Stuhlreihen aufgestellt, für Ehrengäste, zumal Sikhs und Hindus, aber auch Auswärtige, Menschen aus dem Westen, denen es nicht so leicht fällt, stundenlang im Schneidersitz zu verharren. Alle Qur-ân-Rezitationen, Gedicht-Vorträge und selbstverständlich auch die Ansprachen werden simultan in eine Reihe von Sprachen, darunter auch Deutsch, übersetzt; per Kopfhörer können wir so den Geschehnissen lauschen. Die Reden Hazurs zählen naturgemäß zu den Höhepunkten der Jalsa Salana, darunter das Juma-Gebet (Freitagsgebet) mit der Khutba (der Predigt). Eine Rede ist speziell an die Frauen gerichtet, Hazur hält sie von der Tribüne, die vor der Frauen-Jalsa aufgebaut ist (die, mit Ausnahme der Ansprachen, die Hazur an die ganze Gemeinde hält, ihre eigenen Rednerinnen und Vorträge und Gedichtrezitationen haben); diese Ansprache wird per Lautsprecher in den Männerteil übertragen, so wie umgekehrt die anderen Reden Hazurs, die vor den Männern gehalten werden, in den Frauenteil übertragen werden. In seiner ausführlichen Ansprache an die Frauen geht Hazur in diesem Jahr besonders auf ein Hadith ein, eine

Äußerung des Heiligen Propheten Muhammad (Frieden und Segen Allahs seien auf ihm), der gesagt hatte: »Das Paradies liegt unter den Füßen der Mütter.« Hazur betont, welch herausragende und hervorragende Rolle der Prophet den Frauen des Islam eingeräumt hat. Indes müssen sie sich ihrer auch würdig erweisen. Das Paradies ist keine einseitige Angelegenheit, je mehr die Frauen sich bemühen, selbst pradiesisch zu sein, desto mehr wird ihnen die Ehre der Kinder, Ehemänner und Verwandten und ihrer Freundinnen zuteil. Hazur scheut sich nicht, auch Mißstände aufzugreifen, Worte des Tadels und Worte, die anspornen, wechseln einander ab. Aber es ist eine Hymne an die großartige Stellung der Frau im Islam, die wir zu hören bekommen, die uns aufrüttelt, unsere Pflichten gegenüber dem Partner richtig zu beachten und zurückzustehen, sich nicht in den Vordergrund zu drängen, nicht zu fordern, sondern zu geben. Liebe ist das Schlüsselwort, Liebe gepaart mit Hingabe und taqwa, der Rechtschaffenheit, der Gottesfurcht, der Furcht, die Nähe Allahs dadurch zu verlieren, daß wir Seine Geschöpfe unziemlich behandeln. In einer weiteren Ansprache berichtet Hazur über die Entwicklung der Gemeinde, wie sie weltweit sich entfaltet. Es ist ihm unmöglich, all die besonderen Ereignisse des vergangenen Jahres aufzuzählen, die vielen kleinen und großen Wunder, die vielen Opfer, die gebracht wurden, die vielen moralischen Siege, die errungen wurden. Hazur erwähnt den Fortschritt der Gemeinde in Schwarzafrika, den Zustand in Mittel- und Südamerika, er legt Wert darauf, einen Überblick zu geben, der Kraft erteilt, in dem kommenden Jahr noch beherzter, noch freudiger, noch liebevoller für die Belange unseres Islams einzutreten. Dann die krönende Schlußansprache, die mehrere Stunden dauert. Hier wendet sich Hazur insbesondere an das indische Volk, das ihm und uns eine so großzügige Gastfreundschaft gewährt. Er betont die Notwendigkeit, global zusammenzustehen, um die Auf-

Bahishti Maqbara, der ›Himmlische Friedhof‹

Der Brunnen vor dem ›Himmlischen Friedhof‹ mit Blick auf das ›Weiße Minarett‹

Der ›Himmlische Friedhof‹

Blick in die Aqsa-Moschee

Der Raum vor dem Baiat 'ul Dua, in dem die Gläubigen warten

Das Baiat 'ul Dua

Das ›Weiße Minarett‹ bei Tag

gaben und Probleme, denen sich die Menschheit überall gegenübersieht, zu bewältigen und zu lösen. Er zitiert aus den heiligen Schriften der Hindus und der Sikhs und beweist so, daß auch die Führer dieser Religionen unsere islamischen Ziele vertreten haben, in Liebe und Fürsorge für den anderen dazusein. Er verweist auf die Gemeinsamkeiten der Religionen, drängt, das Trennende zu übersehen und das zu suchen und zu leben, was verbindet. Es ist jetzt nicht die Zeit, hochmütig zu betonen, daß die eine oder die andere Religion die bessere ist, daß unser Gott besser ist als der anderer, es ist an der Zeit zu sehen, daß wir alle Kinder des Einen Gottes sind, Der Sich auf die verschiedenste Weise manifestiert hat. Und wir müssen die Übel des Materialismus überwinden und im Kampf gegen ihn zusammenstehen. Später werden Teile dieser Rede im indischen Fernsehen gesendet.

jeder von uns liebt
im wesentlichen so eins
Gott ist der Helfer

die scheuen blicke
in die mittes des herzens
wie in den himmel

die sonnen wärmen
ein wind zeigt die richtung an
das kind wächst wie herz

das holz ist der hund
wann wärmen uns die feuer
schon regt sich die luft

Der Weg zum Bahishti Makbara, dem himmlichen Friedhof, ist überspannt von glitzernden, flimmernden bunten Silberpapierstreifen. An der Langa Khana, der öffentlichen Volksküche, die alle Besucher mit Essen versorgt, und an einigen Gästeräumen vorbei führt die erdige Straße entlang an Derwischwohnungen über eine kleine Brücke zur Umfriedung der Grabstätten, einem Tor, gegenüber dem Büro der Jungmännerorganisation der Gemeinde, den Khuddamul Ahmadiyya. Durch das schmiedeeiserne Tor kommen wir zu dem Flecken, an dem die Ahmadi-Muslime dem 1. Khalifen nach dem Tode des Verheißenen Messias, seinem Nachfolger also, nach einer Wahl Treue geschworen haben. Der breite Weg, mit dem Weißen Minarett wachend im Hintergrund, ist gesäumt von mächtigen Mango-Bäumen, Rosensträuchern und Schalen, in denen Grünpflanzen wachsen. Schließlich gelangen wir zu einem lieblichen Brunnen, dem eigentlichen Beginn des Friedhofs; zur linken Hand befinden sich die Gräber des Verheißenen Messias, Friede sei auf ihm, des 1. Khalifen Hazrat Maulvi Nuruddin, sowie Gräber von Mitgliedern der Heiligen Familie. Dahinter und zur Rechten erstreckt sich das weite Feld mit den Grabsteinen der Sahabis, den Gefährtinnen und Gefährten des Verheißenen Messias, Friede sei auf ihm; zudem sind hier diejenigen beerdigt, die im Laufe ihres Lebens Musies der Gemeinde geworden sind, jene also, die sich verpflichtet haben, besondere Anstrengungen finanzieller und moralischer Art zu unternehmen. Eine eigentümlich paradiesische, sanfte Ruhe erfüllt diesen Garten der vollkommenen Friedfertigkeit. Er strahlt eine ausgewählte Ruhe aus, durchzogen von einer Sehnsucht, den Geschöpfen Allahs zu dienen und in Liebe zu Ihm aufzugehen. Zu jeder Tagesstunde finden sich hier Betende ein, die Allahs Segen für den Heiligen Propheten Muhammad (Frieden und Segen Allahs seien auf ihm), den Verheißenen Messias, Friede sei auf ihm, und all die Verstorbenen erflehen und an dieser erhabenen, von Engeln beschützten Ort für die Lösung von Problemen beten. Der Verheißene Messias, Friede sei auf ihm, hatte diesen Friedhof im Jahre 1905 auf Geheiß Gottes errichten lassen. Seltene Schwingungen der Liebe erfüllen diesen Raum, den jeder, der ernsthaft hier eintritt, mit frischer Hoffnung und an Herzensgüte und Mut gestärkt wieder verläßt.

> wo werde ich sein
> wenn die glieder so kalt sind
> laß mich hier sterben
>
> auf deinen schwingen
> in den himmel zu fliegen
> hier ist es möglich

Das Gebet hinter Hazur zu verrichten, ist ein außergewöhnliches Erlebnis, das durch Zuversicht, Hoffnung, Barmherzigkeit und überströmende Liebe gekennzeichnet ist. Inmitten der tausenden von Gläubigen stehend, uns verbeugend, niederwerfend, geleitet von der herrlichen Stimme Hazurs, die angefüllt ist mit Geduld und Hingabe, zeugend von der Nähe Gottes zu Seinem geliebten Khalifen, werden wir eingestimmt in das Gefühl, geborgen völlig aufzugehen in die Strahlen des Allgütigen, allein, aber unisono, mit den Herzensregungen aller Versammelten in einem gemeinsamen Streben vereint.

Es ist eine köstliche Empfindung der Reinheit, die von keinem falschen, irreführenden Gedanken gestört wird. Jeder für sich, aber alle zusammen in der selben Strömung des Friedens, verbeugen wir uns vor dem Allmächtigen, Der vor uns und hinter uns, rechts und links genauso anwesend ist und Dessen zu gedenken unsere Körper und unsere Seele mit Glauben durchtränkt. Oft steigen einem Tränen in die Augen beim Erinnern der Wohltaten Allahs, Seiner Verzeihung, Seiner liebenden Allgegenwart.

> vor Dir stehen wir
> vereint in wahrer liebe
> kein sturm entwurzelt

Beim Gebet die starke Sehnsucht, auszubrechen aus dem eckigen, staubigen Gefängnis des Ichs, mit seinem ewig gleichen, ermüdenden Gedanken an Tun, seinen alten Freuden und seinem erschreckendem Fremden. Stattdessen hineinzugehen in das Leben, die Augen der unbekannten Gesichter, der anderen Wesenskörper, die sich gleich mir in steter Harmonie, angefüllt von dem Lebendigen ihres für mich so anderen Universums, beugen und niederwerfen, und dann die sanfte, leicht erleuchtete Erkenntnis, daß das Gebet für den anderen Befreiung vom eigenen Ich ist; mehr noch, daß das ganze Gebet, das Namaz, ein einziges Übergehen in die göttliche Sphäre bedeutet, ein Prozeß des Einswerdens mit Ihm, so fern von Ihm man auch beginnen mag, denn Er ist unablässig vorhanden, im Werden, denn wir beginnen das Namaz »Im Namen Allahs, des Gnädigen, des Immer Barmherzigen«, nachdem wir uns durch die Anrufung »Allah-o-akbar« Seine unnachahmliche Größe bewußt machen duften, dem die unermeßliche Gnade folgt, in Seinen Namen mit Seinen ureigenen Worten sich Ihm wieder nähern zu dürfen, was ja bedeutet, daß es keine Möglichkeit gibt, Ihm zu begegnen, als durch Ihn, daß wir das Schwache, Menschliche ablegen in diesem Augenblick und doch Mensch und doch zugleich von Ihm durchdrungen eine heilige Veränderung durchlaufen, während Zelle für Zelle weiter geweckt, vorangetrieben wird durch das heischende, beschwörende, liebreiche »Allah-o-akbar«, das Hazur zwischen den einzelnen Bewegungsabläufen erschallen läßt. Diese Erkenntnis, daß die Sehnsucht, sich zu verlassen, sich aufzugeben, die erste Tür zur Entwerdung ist, daß dieser Drang uns, durch den Heiligen Geist vervollkommnet, in die Höhe führen wird, aus der es kein Fallen mehr gibt.

> sieh diesen baum:
> ein fester stamm,
> die wurzeln tief und gut gegründet, doch
> abgeschnitten die krone,
> so gibt es keinen schatten, keine früchte,
> grad gut genug,
> die wäschleine an ihm festzubinden,
> so die gemeinde ohne oberhaupt;
> dort jener baum,
> vielfältig seine zweige,
> weit strebend seine äste,
> frucht zu jeder jahreszeit,
> ein haus, ein dach,
> das wasser nutzt,
> freude dem betrachter,
> so die gemeinde des khalifen.

Wie ermutigend, beruhigend, befreiend und berauschend ist doch das Dua, das Bittgebet, das als Dhikr, als unermüdliches, unablässiges Darbieten der Flehungen an Gott im Herzen gesprochen wird. Kein Schritt vergeht, ohne daß wir Darud beten, das Segensgebet für den Heiligen Propheten Muhammad, Frieden und Segen Allahs seien auf ihm; oder wir rufen Allah an: O erbarme Dich der Gemeinde Muhammads, o hilf der Gemeinde Muhammads zurecht, o befreie die Gemeinde Muhammads von allem Kummer. Vom Aufwachen bis zum Einschlafen ist unsere Aura angefüllt mit Duas. Kein Geschwätz, keine unnötige Rede stört das Suchen Seiner Segnungen. Das Lobpreisen und Danken. Oft indes werden wir mit dem Friedensgruß angesprochen, »Assalamo Alaikum«. Es ist dies ein Gebet für den anderen: Friede sei mit Dir. Ahmadies aus Kaschmir und Japan, aus Mauritius und Nepal, Bangladesch und Pakistan, Kanada und Trinidad, Spanien und Norwegen, Ghana und USA heißen uns in ihrem Herzen willkommen. Oft werden die Friedensschwingungen intensiviert durch die dreimalige Umarmung, wo uns die Seele des anderen empfängt wie einen lang ersehnten Gast, uns der Grad ihrer Heiligkeit erfreut und stärkt. Dann kehren wir zurück zum Gedenken Gottes, keine Abschweifung der Gedanken, in der wir nicht sogleich den Fingerzeig Gottes erkennen, jene Freundin, jenen Freund, jenen Zustand, diesen Umstand einzubeziehen in die Bittgesuche an Gott. So ist der Tag ein einziges, rauschendes Fest der Nähe Gottes. Wir beten für die Feinde des Verheißenen Messias, Friede sei auf ihm, daß Allah ihnen Verstand verleihen möge, Seine Liebe für Seinen geehrten, spirituellen Sohn des Heiligen Propheten Muhammad (Frieden und Segen Allahs seien auf ihm) zu erkennen, wir beten für jene, die uns nahestehen, Allah möge sie zu den unseren machen, sie vereinen mit uns in der Liebe zu Ahmadiyyat, der schönsten Manifestation des Islams in unserer Zeit, wir beten für die Gesundheit und Erleuchtung unserer Brüder und Schwestern im Glauben, wir beten für die Verbesserung der schwierigen politischen Fährnisse, für die Befreiung der Gefangenen des Glaubens, die von der pakistanischen Regierung auf Gesuche der Mullas aus keinem anderen Grund im Gefängnis festgehalten werden, als daß sie die Kalima, das islamische Glaubensbekenntnis (»la ilaha illallah Muhammadur rasulullah«) hochhielten, den falschen Interpretationen des Qur-âns durch die Orthodoxen zum Trotz, wir beten für die Länder, in denen die Ahmadies geachtet und hochgeschätzt werden, daß Allah hier Zeichen Seiner Gnade und Allmacht setzen möge, wir beten für unsere Verwandten, für unsere Familien, wir beten für die verstorbenen Mitglieder der Gemeinde, zumal jene, die uns nahestanden, wir beten für all diejenigen, deren Opfer diese Jalsa Salana möglich gemacht hat, und oft ist es, daß wir von Allah ein Zeichen, eine Vision erhalten, die unseren Glaubenseifer anschwellen lassen, indes sie uns demütig und dankbar machen.

> Deine liebe, o Herr
> umfaßt die herzenshimmel
> bis erfaßt die welt
>
> wenn die krähe schreit
> und wenn der kochtopf brodelt
> vergiß das grab nicht
>
> ruhelos wandernd
> warten wir auf das gebet
> schon senkt sich frieden

Die Jalsa ist zu Ende, die großen, langen gemeinsamen Gebete mit Muslimen aus allen Erdteilen weichen großen, langen Gebeten im kleinen Kreise der Derwische. Noch sind viele Freunde da, mit denen wir über das Gute reden, deren Sorgen wir anhören, mit denen wir über unsere Situation sprechen. Hazur war wie alle, die gekommen waren, um sich zu reinigen und mit neuer Inspiration für den Alltag zu wappnen, ergriffen von der überwältigenden himmlischen Segnung, die über Qadian lag. Das Wetter war kalt geblieben, aber der Regen hatte zeitig zum Jalsa-Beginn ausgesetzt, sodaß wir unter freiem Himmel sitzen konnten, tausende, um den Ansprachen zu lauschen, den von Mitgefühl erfüllten Reden Hazurs. Das Gebet des Verheißenen Messias, Friede sei auf ihm, das er für die Teilnehmer der Jalsas Gott dargeboten hatte und das in jedem Jalsa-Jahr neue Früchte trägt, hatte auch uns erreicht. Auch wir waren nun erfüllt mit der Herrlichkeit des spirituellen Lebens und Erlebens. Gestärkt vom Heiligen Geist, den Allah auf uns niedersandte. So sagte der Verheißene Messias (Friede sei auf ihm): »Möge Allah mit jedem einzelnen, der die Reise zu dieser Versammlung allein um Allahs Willen unternimmt, sein und große Belohnung gewähren und Barmherzigkeit ausschütten über all jene und ihre Angelegenheiten in Zeiten der Schwierigkeit und Unstimmigkeit leicht für sie machen und ihre Sorgen und Ängste beseitigen und sie von aller Härte befreien und ihnen einen Weg zu ihrem ersehnten Ziel eröffnen und sie am Jüngsten Tag zusammen mit jenen Seiner Diener auferstehen lassen, die Seine Gnade und Barmherzigkeit mit Gunstbeweisen versehen hat, und möge Er der Beschützer ihres Haushalts in ihrer Abwesenheit sein bis zum Ende ihrer Reise. O Herr der Ehre und Gnade, o Herr der Barmherzigkeit und Gewährer von Erleichterung in Schwierigkeiten! Erhöre Du all diese, meine Gebete und gewähre uns Sieg über unsere Gegner durch brillante Zeichen, denn Du besitzest alle Kraft und Macht! Amen!«

Nachbemerkung: die dreizeiligen Gedichte sind in der Art der Haikus verfaßt, einer japanischen Poesieform, bei der die erste Zeile fünf Silben hat, die zweite sieben und die dritte wieder fünf.